Assessment Report on China's Hog Industry Security 2023

中国生猪产业安全评估报告 2023

中国农业科学院农业信息研究所 著

中国农业出版社
北 京

图书在版编目（CIP）数据

中国生猪产业安全评估报告. 2023 / 中国农业科学院农业信息研究所著. —北京：中国农业出版社，2023.8

ISBN 978-7-109-31007-0

Ⅰ.①中…　Ⅱ.①中…　Ⅲ.①养猪业－安全评价－研究报告－中国－2023　Ⅳ.①F326.33

中国国家版本馆 CIP 数据核字（2023）第 152400 号

中国生猪产业安全评估报告 2023
ZHONGGUO SHENGZHU CHANYE ANQUAN PINGGU BAOGAO 2023

中国农业出版社出版

地址：北京市朝阳区麦子店街 18 号楼
邮编：100125
责任编辑：赵　刚
版式设计：王　晨　　责任校对：吴丽婷
印刷：北京印刷一厂
版次：2023 年 8 月第 1 版
印次：2023 年 8 月北京第 1 次印刷
发行：新华书店北京发行所
开本：889mm×1194mm　1/16
印张：2.5
字数：46 千字
定价：18.00 元

本书得到

中国农业科学院科技创新工程

（CAAS-ASTIP-2023-AII）资助特此致谢！

《中国生猪产业安全评估报告 2023》
撰 写 人 员 名 单

中国农业科学院农业信息研究所　徐　磊　三级研究员

中国农业科学院农业信息研究所　魏同洋　工程师

中国农业科学院农业信息研究所　田世英　副研究员

中国农业科学院农业信息研究所　宋正阳　副研究员

中国农业科学院农业信息研究所　王世玉　硕士研究生

中国农业科学院农业信息研究所　武　婕　副研究员

FOREWORD
前　言

　　猪粮安天下。我国既是生猪生产大国，也是猪肉消费大国，生猪产业始终具有特殊的重要意义。在 2022 年全国"两会"上，习近平总书记强调要树立大食物观，"在确保粮食供给的同时，保障肉类、蔬菜、水果、水产品等各类食物有效供给，缺了哪样也不行。"中国农业科学院农业信息研究所农业产业安全研究团队认真学习贯彻习近平总书记重要指示精神，对标"四个面向""两个一流"，从稳定生猪生产长效性支持政策重大任务出发，构建生猪产业安全指数化评估模型，启动生猪产业安全评估研究工作，编撰发布了《中国生猪产业安全评估报告 2022》。

　　2023 年中央 1 号文件提出，"落实生猪稳产保供省负总责，强化以能繁母猪为主的生猪产能调控。"中国农业科学院农业信息研究所农业产业安全研究团队在担当国家战略科技力量中主动作为，坚持底线思维，立足保障猪肉稳定安全供给，深入实施生猪产能调控，在对生猪产业安全评估指标和模型予以修正的基础上，继续对我国生猪产业安全形势进行客观量化评估，同时比较分析本周期（2013—2022 年）和上一周期（2012—2021 年）生猪产业安全演变趋势，并对 2023 年生猪产业安全形势作出量化预判，进而形成《中国生猪产业安全评估报告 2023》，以期为国家生猪产业安全科学决策提供参考。

　　《中国生猪产业安全评估报告 2023》的出版得到中国农业科学院创新工

程经费的支持，同时我们也向中国农业出版社表示衷心感谢！本报告是《中国生猪产业安全评估报告》系列的第二册，作为一个探索性、阶段性的科研成果，不足之处敬请各位同仁指正。我们将继续跟踪研究，不断完善评估指数体系和评估方法内容，努力把《中国生猪产业安全评估报告》打造成为研判国家生猪产业安全的智库品牌，为保障国家生猪产业安全做出科技工作者应有的贡献。

著　者

2023 年 6 月

CONTENTS

目　录

一、2022 年生猪产业安全态势判断

2022 年我国生猪产业安全指数总体上延续了上一年的上行走势,并且首次运行至安全区间,分值跃至 90.56,较 2021 年上升 1.52 个点,涨幅为 1.71%。

从分项指数看,供给保障水平和购买力水平指数继续处于安全区间,其中购买力水平指数分值为 98.00,较 2021 年增加 2.41 个点,增幅 2.52%;但供给保障水平指数分值较 2021 年下滑 0.92 个点,下降至 93.48,降幅 0.97%。市场运行形势和科技支撑能力继续处于基本安全区间,指数分值为 88.99 和 87.58,分别较 2021 年增加 4.91 和 4.50 个点,增幅分别为 5.84%、5.42%。资源环境条件指数下滑至不安全区间,指数分值为 79.09,较 2021 年重挫 2.84 个点,降幅高达 3.47%(图 1-1)。

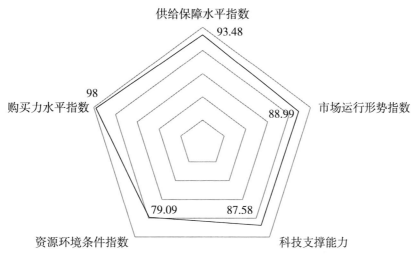

图 1-1 2022 年生猪产业安全分项指数
资料来源:中国农业科学院农业信息研究所农业产业安全研究团队。

(一) 供给保障水平稳中略降

在落实生猪稳产保供省负总责政策持续作用下,2022 年我国猪肉产量达到

5 541 万吨（增速 4.60%），超过"十三五"初期水平，推动人均占有量进一步反弹至 39.24 千克，较 2021 年增长 4.67%，处于过去十年较高水平；在猪肉需求方面，虽然新冠疫情导致消费需求疲软，加之国内外价差明显缩窄、猪肉产品进口关税提高等诸多因素使得猪肉进口量大幅减少，从而拖累全年猪肉消费增速放缓至 0.80%（5 705 万吨），但整体仍呈现供需阶段性显著不对称的态势，导致我国猪肉自给率较 2021 年下滑至 97.13%，为过去十年中等偏上位置。2022 年末全国能繁母猪存栏量达到 4 390 万头（增速 1.41%），略高于产能调控绿色合理区域上限，但总体保持在合理范围内，为生猪产能调控发挥了显著的保供稳价作用，处于过去十年中等水平（图 1-2）。

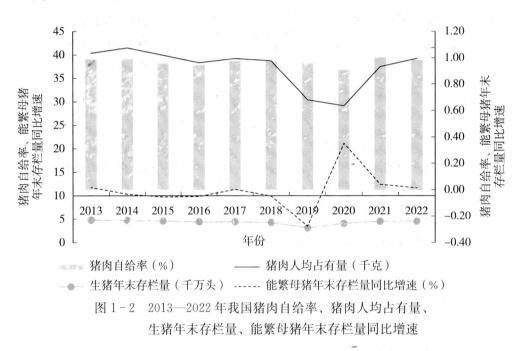

图 1-2　2013—2022 年我国猪肉自给率、猪肉人均占有量、
生猪年末存栏量、能繁母猪年末存栏量同比增速

（二）市场运行形势明显好转

受生猪价格回落、饲料粮价格上涨的拖累，2022 年我国猪粮比价整体上延续了上一年的下降态势，特别是第一季度猪粮比价持续深度下滑，导致全年猪粮比价较 2021 年下降 0.76 个点，探低至 6.71：1，处于过去十年中等偏下水平。不过得益于猪肉收储、玉米豆粕饲料减量替代等政策的同向发力，2022 年我国猪肉、生猪和仔猪市场风险得到有效管控，月度间波动风险均值进一步收窄至 1.10%，1.47% 和 4.91%，分别较 2021 年下降了 2.82、2.58 和 2.57 个百分点；与此同时，猪肉年度平均价格为 30.45 元/千克，猪肉价格距平更是大幅降低至 1.08，仅次于 2016 年

(0.20)，表明猪肉价格全年整体波幅已经明显放缓，进入过去十年生猪产业市场运行相对稳定的时期（图1-3）。

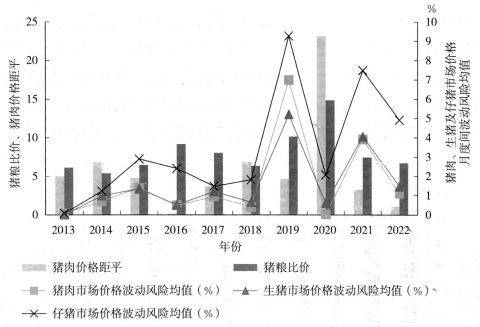

图1-3 2013—2022年我国生猪产业猪肉价格距平、猪粮比价、猪肉市场价格波动风险均值、生猪市场价格波动风险均值以及仔猪市场价格波动风险均值

（三）科技支撑能力稳中向好

2022年农业农村部办公厅印发《关于扶持国家种业阵型企业发展的通知》（农办种〔2022〕5号），温氏、大北农、牧原等37家生猪种业阵型企业与机构入选，推动生猪企业加紧培育"猪芯片"、补齐"短板"，有效提振PSY（每头能繁母猪每年平均断奶仔猪数）继续保持增长态势，进一步跃升至19.20（增幅6.79%），达到过去十年的最高水平。此外，为深入贯彻《国务院办公厅关于促进畜牧业高质量发展的意见》（国办发〔2020〕31号），在稳定财政、金融、用地等长效性支持生猪产业发展政策基础上，农业农村部和中国农业银行联合制定了《金融助力畜牧业高质量发展工作方案》，探索政银合作金融服务畜牧业的新模式，激发生猪产业发展活力，增强生猪产业质量效益和竞争力，多措并举推动2022年生猪产业平均全要素生产率到达1.11（2010年设定为基期，基期值1.00），较2021年增长0.03个点，稳定在过去十年的中等偏上水平（图1-4）。

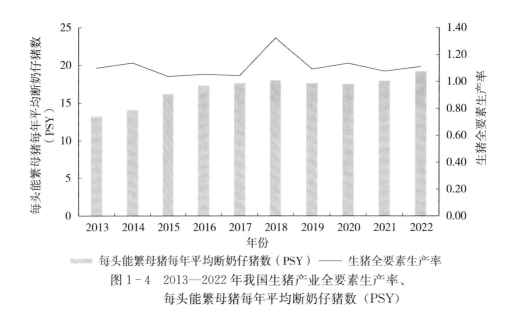

图 1-4 2013—2022 年我国生猪产业全要素生产率、
每头能繁母猪每年平均断奶仔猪数（PSY）

（四）资源环境条件不容乐观

从猪肉生产资源消耗的角度看，2022 年我国饲料粮的产肉效率仍在提升，每千克猪肉耗粮量降至 1.94 千克，较 2021 年下降 0.01 千克，降幅为 0.51%；同时从生猪的疫病防治来看，2022 年农业农村部等继续深入推进非洲猪瘟等重大疫病防控，不断完善生猪防疫体系，组织开展相关防疫培训，平均每头猪疫病防治支出达到 25.23 元，较 2021 年增加 0.66 元，增幅为 2.69%，均处于过去十年的较好水平。但受新冠疫情冲击影响，加之养殖成本上升与猪价回落，养殖企业利润空间进一步压

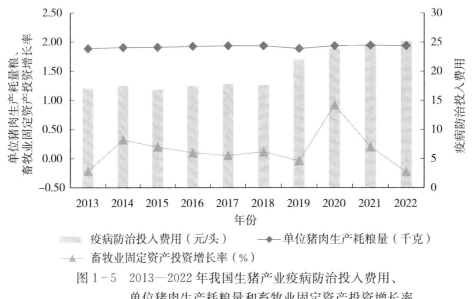

图 1-5 2013—2022 年我国生猪产业疫病防治投入费用、
单位猪肉生产耗粮量和畜牧业固定资产投资增长率

缩，导致固定资产投资增速明显放缓，2022 年我国畜牧业固定资产投资增长率呈现负增长态势（—22.7%），并且较 2021 年大幅下挫 43 个百分点，为过去十年的最低水平，从而拖累本年度生猪资源环境条件下探至不安全区间（图 1－5）。

（五）购买力水平持续提升

2022 年我国城乡居民人均可支配收入达到 36 883 元，较 2021 年增长 5.0%，同时伴随着猪肉价格回落、肉类产品消费结构的不断升级，城乡居民猪肉及其制品购买力水平升至过去十年最高水平（图 1－6）。

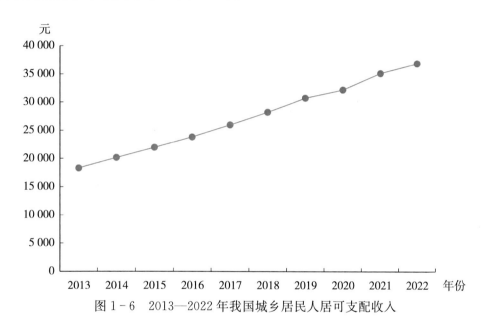

图 1－6　2013—2022 年我国城乡居民人居可支配收入

 **二、过去十年生猪产业安全趋势演变**

本周期（2013—2022 年），我国生猪产业安全指数总体上在 78～91 的区间运行，安全程度呈现左拖尾"V"形的震荡走势（图 2-1），与上一周期（2012—2021 年）走势大体一致。其中，2013—2018 年生猪产业安全指数在基本安全区间内呈小幅震荡上升走势，2019 年重挫 11.78 个点，首次跌至不安全区间，探底至 78.00，跌幅 13.12%；随后持续反弹，并且在 2022 年首次攀至安全区间，达到过去十年峰值 90.56。

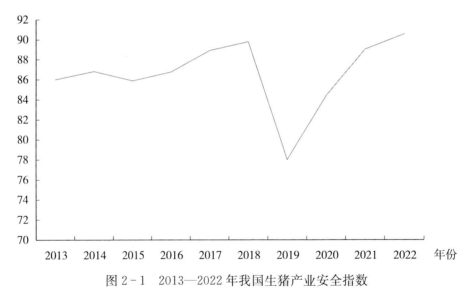

图 2-1 2013—2022 年我国生猪产业安全指数

资料来源：中国农业科学院农业信息研究所农业产业安全研究团队。下同。

得益于 2022 年生猪产业安全指数反弹，本周期（2013—2022 年）生猪产业安全指数平均分值为 86.61，较上一周期（2012—2021 年）的 86.22 提高 0.39 个点，增幅 0.45%，表明本周期生猪产业安全程度略高于上一周期；同时从生猪产业安全指数拟合趋势线斜率来看，上一周期斜率为负值（0.12），本周期趋势线斜率为 0.15，高于上周期斜率绝对值，表明本周期生猪产业安全指数波动幅度较上周期增大，且上行趋势更为明显（图 2 - 2）。

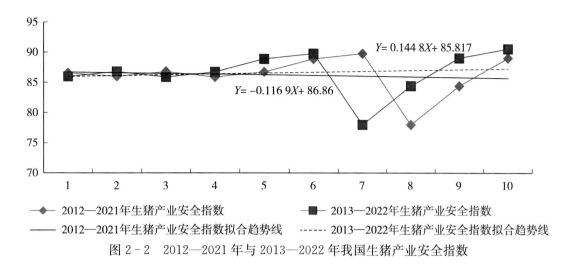

图 2 - 2　2012—2021 年与 2013—2022 年我国生猪产业安全指数

（一）供给保障水平趋势演变

本周期（2013—2022 年），我国生猪产业供给保障水平指数总体在 74～95 的区间，呈现"V"形走势，周期内的指数值波动幅度较大，分布在不安全、基本安全与安全三个区间。指数运行波峰为 2021 年的 94.40，波谷出现在 2019 年，为 74.15，落差 20.25 个点（图 2 - 3）。

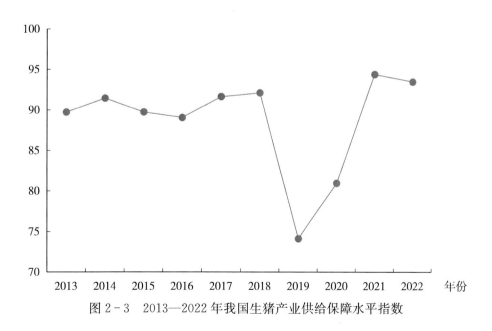

图 2 - 3　2013—2022 年我国生猪产业供给保障水平指数

本周期（2013—2022 年）生猪供给保障水平有所提升，指数平均分值较上一周期（2012—2021 年）提高 0.24 个点，达到 88.68。同时从生猪供给保障水平指数拟合趋势线看，虽然斜率均为负值，但本周期斜率绝对值收缩为 0.21，低于上周期斜率绝对值 0.66，表明相较于上周期，本周期的生猪供给保障水平波动幅度有所降低，并且止跌反弹趋势更为明显（图 2-4）。

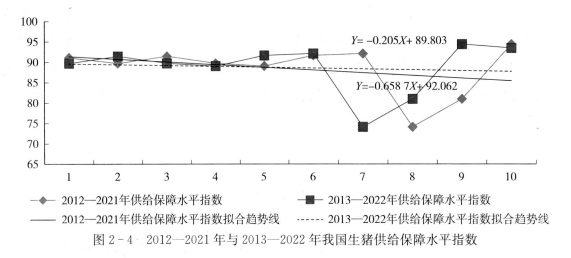

图 2-4　2012—2021 年与 2013—2022 年我国生猪供给保障水平指数

（二）市场运行形势趋势演变

本周期（2013—2022 年），我国生猪产业市场运行形势指数总体运行在 75～95 的区间，呈现"降—升—降—升"走势，安全程度跨越不安全、基本安全与安全三个区间，震荡幅度较大。其中，指数在 2019 年（75.98）处于不安全区间，指数在 2015 年（89.07）、2020 年（84.80）、2021 年（84.08）和 2022 年（88.99）位于基本安全区间，其余年份指数则运行在安全区间（图 2-5）。

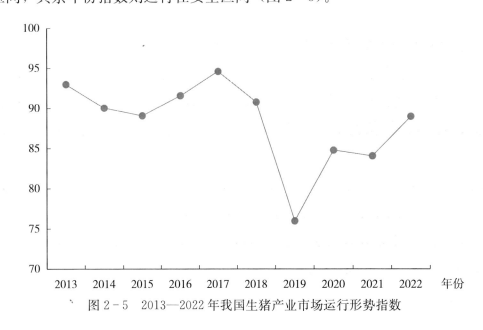

图 2-5　2013—2022 年我国生猪产业市场运行形势指数

由于 2022 年生猪市场运行形势指数（88.99）反弹势头不及 2012 年指数（91.80）水平，导致本周期（2013—2022 年）生猪市场运行形势指数均值（88.29）较上一周期（2012—2021 年）均值（88.58）下滑 0.29 个点，降幅为 0.33%，显示本周期生猪市场运行形势不如上一周期水平。但从生猪市场运行形势指数拟合趋势线看，虽然本周期与上周期斜率均为负值，存在的下行压力不容忽视，但本周期斜率绝对值（0.91）要略低于上周期斜率绝对值（1.15），表明本周期生猪市场运行形势指数波动幅度较上周期有所减少，且止跌反弹趋势相对更加明显（图 2-6）。

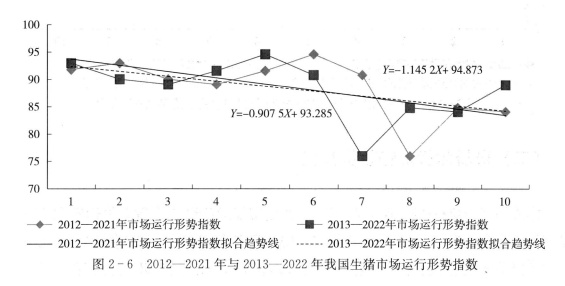

图 2-6　2012—2021 年与 2013—2022 年我国生猪市场运行形势指数

（三）科技支撑能力趋势演变

本周期（2013—2022 年），我国生猪科技支撑能力指数运行在 73～96 的区间内，呈"升—降—升"走势，安全程度同样跨越不安全、基本安全与安全三个区间，其中我国生猪科技支撑能力指数高位为 2018 年（95.27），也是唯一运行在安全区间的年份，低位为 2013 年（73.26），落差 22.01 个点，震荡幅度较大（图 2-7）。

本周期（2013—2022 年）与上一周期（2012—2021 年）生猪科技支撑能力指数均值均处于基本安全区间，但较上一周期，本周期生猪科技支撑能力整体上有所增强，指数平均分值提高 1.47 个点，达到 82.22；同时从生猪科技支撑能力指数拟合的趋势线看，本周期趋势线斜率为 1.62，高于上周期的 1.57，表明本周期的生猪科技支撑能力指数波动幅度较上一周期增大，且上行趋势更加明显（图 2-8）。

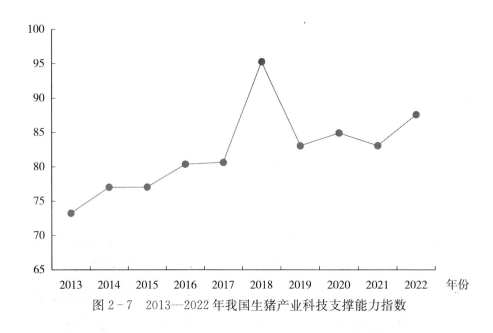

图 2-7　2013—2022 年我国生猪产业科技支撑能力指数

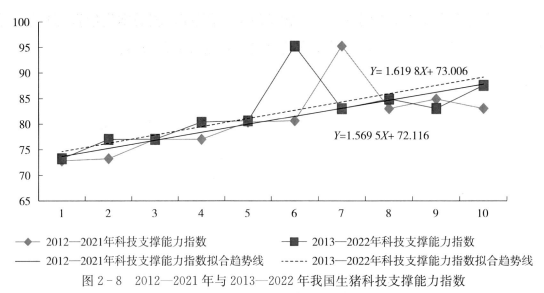

$Y= 1.619\,8X+ 73.006$

$Y=1.569\,5X+ 72.116$

◆— 2012—2021年科技支撑能力指数　　　■— 2013—2022年科技支撑能力指数
—— 2012—2021年科技支撑能力指数拟合趋势线　　---- 2013—2022年科技支撑能力指数拟合趋势线

图 2-8　2012—2021 年与 2013—2022 年我国生猪科技支撑能力指数

（四）资源环境条件趋势演变

本周期（2013—2022 年），我国生猪产业资源环境条件指数总体运行在 75～89 的区间，呈现震荡整理的走势；其中 2013 年（76.40）、2015 年（78.02）、2016 年（76.08）、2017 年（75.06）、2018 年（75.54）和 2022 年（79.09）指数分值位于不安全区间，高位出现在 2020 年（89.39），但仍与安全区间有一步之遥（图 2-9）。

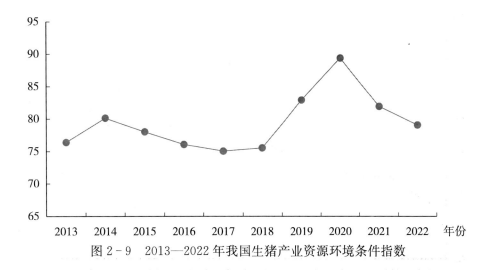

图 2-9　2013—2022 年我国生猪产业资源环境条件指数

本周期（2013—2022 年）生猪资源环境条件指数平均分值为 79.46，较上一周期（2012—2021 年）下降 0.41 个点；但从生猪资源环境条件指数拟合趋势线来看，本周期趋势线斜率为 0.69，较上一周期（0.52）有所提高，表明本周期资源环境条件安全程度波动幅度有所增大，止跌反弹趋势更为明显（图 2-10）。

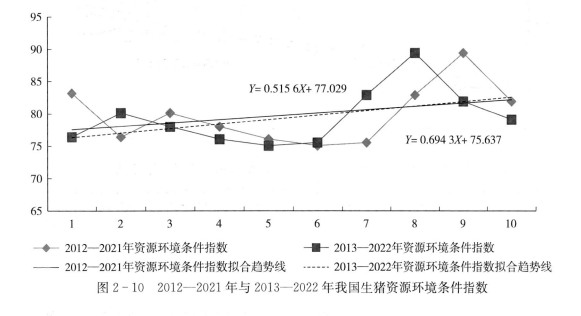

$Y = 0.515\,6X + 77.029$

$Y = 0.694\,3X + 75.637$

- ◆── 2012—2021 年资源环境条件指数　　■── 2013—2022 年资源环境条件指数
- ── 2012—2021 年资源环境条件指数拟合趋势线　----- 2013—2022 年资源环境条件指数拟合趋势线

图 2-10　2012—2021 年与 2013—2022 年我国生猪资源环境条件指数

（五）购买力水平趋势演变

本周期（2013—2022 年），我国城乡居民人均可支配收入水平增长较快，推动我国猪肉及其制品购买力水平指数由 72.48 快速攀升至 98.00（图 2-11）。

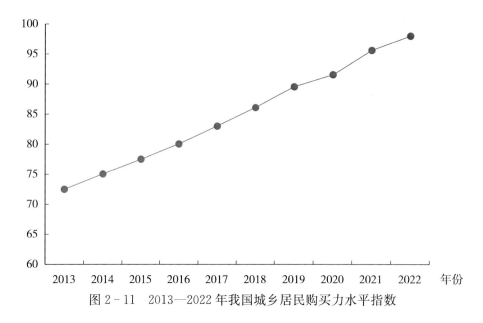

图 2-11 2013—2022 年我国城乡居民购买力水平指数

本周期（2013—2022 年）城乡居民猪肉及其制品购买力水平有所提高，指数平均分值较上一周期（2012—2021 年）提高 2.8 个点，达到 84.89；同时从购买力水平指数拟合趋势线看，本周期斜率为 2.88，高于上周期的 2.81，表明本周期城乡居民猪肉及其制品购买力水平指数较上周期上行趋势更为明显（图 2-12）。

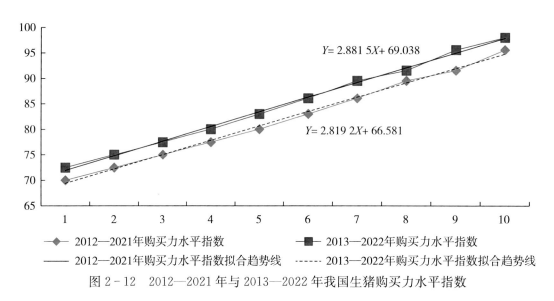

$Y= 2.881\ 5X+ 69.038$

$Y= 2.819\ 2X+ 66.581$

- ◆ 2012—2021 年购买力水平指数   ■ 2013—2022 年购买力水平指数
- —— 2012—2021 年购买力水平指数拟合趋势线   ---- 2013—2022 年购买力水平指数拟合趋势线

图 2-12 2012—2021 年与 2013—2022 年我国生猪购买力水平指数

三、2023 年生猪产业安全态势预判

（一）生猪产业安全程度波动风险度量

本报告根据我国 2013—2022 年生猪产业安全以及供给保障水平等 5 个分项指数年度间波动率时间序列，拟合出基于正态分布的概率密度函数（表 3-1）。

表 3-1 生猪产业安全指数波动率正态分布的均值和标准差

指数名称	均值	标准差
生猪产业安全指数	0.005 9	0.055 8
供给保障水平指数	0.006 5	0.091 7
市场运行形势指数	−0.000 6	0.073 3
科技支撑能力指数	0.021 2	0.076 9
资源环境条件指数	−0.003 3	0.061 7
购买力水平指数	0.034 2	0.006 5

拟合结果表明，我国生猪产业安全指数值波动率服从均值为 0.005 9，标准差为 0.055 8 的正态分布；供给保障水平指数值波动率服从均值为 0.006 5，标准差为 0.091 7 的正态分布；市场运行形势指数值波动率服从均值为 −0.000 6，标准差为 0.073 3 的正态分布；科技支撑能力指数值波动率服从均值为 0.021 2，标准差为 0.076 9 的正态分布；资源环境条件指数值波动率服从均值为 −0.003 3，标准差为 0.061 7 的正态分布；购买力水平指数值波动率服从均值为 0.034 2，标准差为 0.006 5 的正态分布。

本报告同时根据生猪产业波动特征，将波动率划分为（小于 −15%）、（−15%，−10%）、（−10%，−5%）、（−5%，0）、（0，5%）、（5%，10%）、（10%，15%）和（大于 15%）8 个区间，测算生猪产业安全以及供给保障水平等 5 个分项指数年度间波动率运行在不同区间的风险概率值。

具体而言，生猪产业安全指数在（0，5%）区间概率最大，概率值为50.17%，其次是（－5%，0）区间，概率值为23.07%；供给保障水平指数在（－5%，0）区间概率最大，概率值为34.87%，其次是（0，5%）区间，概率值为32.26%；市场运行形势指数在（0，5%）区间概率最大，概率值为31.11%，其次是（－5%，0）区间，概率值为29.2%；科技支撑能力指数在（0，5%）区间概率最大，概率值为40.31%，其次是（－5%，0）区间，概率值为22.36%；资源环境条件指数在（－5%，0）区间的概率最大，概率值为28.62%，其次是（0，5%）区间，概率值为21.00%；购买力水平指数的波动区间较窄，波动集中在（0，5%）区间，概率值为97.06%。

此外，从安全波动的方向来看，各指标安全程度正负向区间波动的幅度不同，生猪产业安全、供给保障水平、市场运行形势、科技支撑能力及购买力水平指数正向区间波动的概率值分别为66.91%、54.05%、53.19%、66.52%及100%，大于负向波动概率；而资源环境条件指数负向区间波动的概率值为55.30%，略大于正向波动概率值（表3－2）。

表3－2 生猪产业安全各指标安全程度波动区间的概率值

波动区间	供给保障水平指数	市场运行形势指数	科技支撑能力指数	资源环境条件指数	购买力水平指数	生猪产业安全指数
小于－15%	0.099 2	0.068 7	0.015 5	0.005 5	0.000 0	0.007 9
（－15%，－10%）	0.000 8	0.032 4	0.075 2	0.063 5	0.000 0	0.091 2
（－10%，－5%）	0.010 8	0.075 0	0.020 5	0.197 8	0.000 0	0.001 2
（－5%，0）	0.348 7	0.292 0	0.223 6	0.286 2	0.000 0	0.230 7
（0，5%）	0.322 6	0.311 1	0.403 1	0.210 0	0.970 6	0.501 7
（5%，10%）	0.084 8	0.141 0	0.158 9	0.155 5	0.029 4	0.158 4
（10%，15%）	0.052 6	0.069 1	0.010 3	0.072 7	0.000 0	0.009 0
大于15%	0.080 5	0.010 7	0.092 8	0.008 9	0.000 0	0.000 0

（二）2023年生猪产业安全态势预判

1. 预计生猪产业安全指数继续处于安全区间

从政策面来看，2023年我国生猪疫病防控、育种攻关、规模化养殖场改造升级、产业绿色发展等方面"暖风频吹",进一步细化生猪产能调控,预计将助推生猪产业安全指数继续运行在安全区间。基于蒙特卡罗仿真模拟的结果显示:2023 年我国生猪产业安全指数值低于 80.12 和高于 102.27 的概率均为 5%,代表平均值 50%的百分位线为 90.70,较 2022 年(90.56)稳中有升(表 3－3)。

表 3－3　基于蒙特卡罗仿真模拟的生猪产业安全指数预测值

百分位	2023 年预测值
0.05	80.12
0.10	82.19
0.15	83.94
0.20	85.40
0.25	86.51
0.30	87.63
0.35	88.31
0.40	89.12
0.45	89.96
0.50	90.70
0.55	91.86
0.60	92.99
0.65	93.86
0.70	94.86
0.75	95.93
0.80	97.07
0.85	98.21
0.90	99.68
0.95	102.27

2. 预计生猪供给保障水平指数处于安全区间

2023 年我国猪肉市场需求趋于稳定,同时"生猪稳产保供省负总责,强化以能繁母猪为主的生猪产能调控"得到落实,市场供需相对宽松,因此,预计生猪供给保障水平指数继续运行在安全区间。基于蒙特卡罗仿真模拟的结果显示:2023 年我国生猪供给保障水平指数值低于 80.68 和高于 109.27 的概率均为 5%,代表平均值

50％的百分位线为 94.34，较 2022 年（93.48）稳中略增（表 3－4）。

表 3－4　基于蒙特卡罗仿真模拟的生猪供给保障水平指数预测值

百分位	2023 年预测值
0.05	80.68
0.10	83.35
0.15	85.61
0.20	87.49
0.25	88.92
0.30	90.37
0.35	91.25
0.40	92.30
0.45	93.38
0.50	94.34
0.55	95.83
0.60	97.29
0.65	98.41
0.70	99.70
0.75	101.08
0.80	102.56
0.85	104.03
0.90	105.92
0.95	109.27

3. 预计生猪市场运行形势指数处于基本安全区间

2023 年，我国猪肉价格总体上会延续 2022 年以来的下跌走势，甚至会过度下跌、疲态尽显。虽然猪肉、生猪和仔猪月度间市场价格波动幅度可能会收窄，冻猪肉储备收储政策也会相应启动，但预计全年难以突破基本安全区间。基于蒙特卡罗仿真模拟的结果显示：2023 年我国生猪市场运行形势指数值低于 78.73 和高于 100.50 的概率均为 5％，代表平均值 50％的百分位线为 89.13，较 2022 年（88.99）稳中略增（表 3－5）。

表 3－5　基于蒙特卡罗仿真模拟的生猪市场运行形势指数预测值

百分位	预测值
0.05	78.73
0.10	80.76
0.15	82.48
0.20	83.92
0.25	85.01
0.30	86.11
0.35	86.78
0.40	87.58
0.45	88.40
0.50	89.13
0.55	90.26
0.60	91.38
0.65	92.23
0.70	93.21
0.75	94.27
0.80	95.39
0.85	96.51
0.90	97.95
0.95	100.50

4. 预计生猪科技支撑能力指数处于基本安全区间

2023 年，随着国家育种联合攻关和畜禽遗传改良计划的继续推进以及能繁母猪生产效能提升，预计 PSY（每头能繁母猪每年平均断奶仔猪数量）将有所增长，同时在生猪产业转型升级以及提质增效等政策的影响下，生猪全要素生产率也将稳步提升，预计我国生猪科技支撑能力指数将小幅上行，继续处于基本安全区间。基于蒙特卡罗仿真模拟的结果显示：2023 年我国生猪科技支撑能力指数值低于 77.48 和高于 98.91 的概率均为 5%，代表平均值 50% 的百分位线为 87.72，较 2022 年（87.58）稳中略增（表 3－6）。

表 3-6 基于蒙特卡罗仿真模拟的生猪科技支撑能力指数预测值

百分位	2023 年预测值
0.05	77.48
0.10	79.48
0.15	81.17
0.20	82.59
0.25	83.66
0.30	84.75
0.35	85.41
0.40	86.19
0.45	87.00
0.50	87.72
0.55	88.83
0.60	89.93
0.65	90.77
0.70	91.73
0.75	92.77
0.80	93.88
0.85	94.98
0.90	96.40
0.95	98.91

5. 预计生猪资源环境条件指数处于基本安全区间

2023 年，我国将继续采取积极的疫病防治措施，抓好非洲猪瘟等疫病常态化防控，推动疫病防治费用持续提升，考虑到畜牧业固定资产投资增长率不具备大幅增长的空间，同时单位猪肉生产耗粮量也将保持基本稳定，我国生猪资源环境条件难以实现跨越式发展，预计徘徊在基本安全区间。基于蒙特卡罗仿真模拟的结果显示：2023 年我国生猪资源环境条件指数值低于 69.97 和高于 89.32 的概率均为 5%，代表平均值 50% 的百分位线为 80.02，较 2022 年（79.09）有所提升（表 3-7）。

表 3-7　基于蒙特卡罗仿真模拟的生猪资源环境条件指数预测值

百分位	2023 年预测值
0.05	69.97
0.10	71.78
0.15	73.31
0.20	74.58
0.25	75.55
0.30	76.53
0.35	77.13
0.40	77.83
0.45	78.97
0.50	80.02
0.55	80.98
0.60	81.21
0.65	81.97
0.70	82.84
0.75	83.78
0.80	84.78
0.85	85.77
0.90	87.05
0.95	89.32

6. 预计购买力水平指数处于安全区间

我国疫情防控取得了重大决定性胜利，经济社会全面恢复常态化运行，宏观政策靠前协同发力，预计购买力水平指数将进一步提升。基于蒙特卡罗仿真模拟的结果显示：2023 年我国购买力水平指数值低于 100.56 和高于 103.07 的概率均为 5%，代表平均值 50% 的百分位线为 101.76，较 2022 年（98.00）进一步提升（表 3-8）。

表 3-8　基于蒙特卡罗仿真模拟的生猪购买力水平指数预测值

百分位	2023 年预测值
0.05	100.56
0.10	100.80
0.15	100.99

（续）

百分位	2023 年预测值
0.20	101.16
0.25	101.28
0.30	101.41
0.35	101.49
0.40	101.58
0.45	101.67
0.50	101.76
0.55	101.89
0.60	102.02
0.65	102.12
0.70	102.23
0.75	102.35
0.80	102.48
0.85	102.61
0.90	102.77
0.95	103.07

REFERENCES
参考文献

国家粮食和物资储备局，2020.《中国的粮食安全》白皮书重要文献汇编［M］. 北京：人民出版社.

联合国粮食及农业组织. 国际农业发展基金，联合国儿童基金会，等，2021. 2021 年世界粮食安全和营养状况［EB/OL］. 罗马.（10-29）［2023-07-10］. https：//www. fao. org/3/cb4474zh/cb4474zh. pdf.

农业农村部市场预警专家委员会，2023. 中国农业展望报告：2023—2032［M］. 北京：中国农业科学技术出版社.

徐磊，等，2019. 农产品市场风险评估和管理：理论、方法与实践［M］. 北京：中国农业出版社.

中国农业科学院，2022. 中国农业产业发展报告 2022［M］. 北京：中国农业科学技术出版社.

中国农业科学院农业信息研究所，2022. 中国粮食安全评估报告：2022［M］. 北京：科学技术文献出版社.

中国农业科学院农业信息研究所，2022. 中国生猪产业安全评估报告 2022［M］. 北京：科学技术文献出版社.

附录一　生猪产业安全评估指标体系与理论模型

本书生猪产业安全的内涵参考《中国生猪产业安全评估报告（2022）》的观点，最大限度地确保猪肉充分供给，将生猪产业主动权牢牢把握在自己手里，围绕"产出高效、产品安全、资源节约、环境友好、调控有效的生猪产业高质量发展新格局"，从5个维度对生猪产业安全的内涵进行系统化并赋予新特征。一是生猪产业供给保障水平，确保猪肉充分供给；二是生猪产业市场运行形势，确保猪肉、生猪、仔猪以及饲料粮市场运行基本稳定；三是生猪产业科技支撑能力，确保科技创新为生猪产业全链赋能蓄势；四是生猪产业资源环境条件，确保资源环境能够承载生猪产业绿色可持续发展，加快补齐生猪产业发展的短板和弱项；五是生猪产品购买力水平，确保城乡居民能够买得起所需的足够猪肉及其制品。

（一）生猪产业安全评估指标体系

本报告主要遵循以下原则构建生猪产业安全评估指标体系：一是选择的指标应当能够全面、有效地衡量和评价当前生猪产业安全状况及生猪产业安全程度；二是选择的指标应当能够反映生猪安全宏观调控，以便对生猪产业不安全因素进行必要管控调整；三是选择的指标能够反映影响生猪产业安全的主要因素，以便合理地预测预警未来生猪产业安全态势。

本报告所构建的生猪产业安全评估指标体系由供给保障水平、市场运行形势、科技支撑能力、资源环境条件、购买力水平5个二级指标及其相应的15个三级指标构成，较2022年评估报告，本报告（2023年度）在能繁母猪年末存栏量（C4）和猪粮比价（C9）两个指标上赋予新的内涵和计算方法，同时新增猪肉市场价格距平（C5）指标。指标体系的具体内容、作用方向和权重状况[①]如附表1−1所示。

[①]　指标权重根据专家判断和计算机模拟效果予以确定。

附表 1-1　生猪产业安全评估指标体系

一级指标	二级指标	三级指标	权重（%）	作用方向
生猪产业安全（Y）	1. 供给保障水平（B1）	猪肉自给率（C1）	10	正向
		猪肉人均占有量（C2）	10	正向
		生猪年末存栏量（C3）	10	正向
		能繁母猪年末存栏量（C4）	10	正向
	2. 市场运行形势（B2）	猪肉市场价格距平（C5）	5	负向
		猪肉市场价格波动风险均值（C6）	7.5	负向
		生猪市场价格波动风险均值（C7）	5	负向
		仔猪市场价格波动风险均值（C8）	5	负向
		猪粮比价（C9）	7.5	正向
	3. 科技支撑能力（B3）	每头能繁母猪每年平均断奶仔猪数（PSY）（C10）	5	正向
		生猪全要素生产率（C11）	5	正向
	4. 资源环境条件（B4）	单位猪肉生产耗粮量（C12）	3	负向
		疫病防治费用（C13）	3	正向
		畜牧业固定资产投资增长率（C14）	4	正向
	5. 购买力水平（B5）	居民人均可支配收入（C15）	10	正向

1. 生猪产业供给保障水平指标

猪肉自给率（C1）是指某年猪肉总产量（D1）与总消费量（D2）的比值。计算公式为[①]：

$$C1 = \frac{D1}{D2} \times 100\%$$

猪肉人均占有量（C2）是指某年猪肉总产量（D1）与年末总人口数（D3）的比值，单位为千克/人。计算公式为[②]：

$$C2 = \frac{D1}{D3} \times 100\%$$

生猪年末存栏量（C3）是指在年末特定时间节点全部生猪饲养头数，其中包含公猪、母猪、仔猪和育肥猪，该指标为观测性变量[③]。

能繁母猪年末存栏量（C4）是指依据（农牧发〔2021〕27 号）文件中能繁母猪

---

① 资料来源：根据《中国农村统计年鉴》、国家统计局官网和 OECD 官网数据整理。
② 资料来源：根据国家统计局官网数据整理。
③ 资料来源：根据历年《中国畜牧业年鉴》、国家统计局官网数据整理。

调控目标值，利用分段函数对本年末能繁母猪存栏量（D4）进行的分段测算值。计算公式为[①]：

$$C4=\begin{cases} 1,\ 3\ 895 \leqslant D4 \leqslant 4\ 305 \\ 1-\dfrac{D4-4\ 305}{4\ 305},\ D4>4\ 305 \\ 1-\dfrac{3\ 895-D4}{3\ 895},\ D4<3\ 895 \end{cases}$$

2. 生猪市场运行形势指标

猪肉市场价格距平（C5）是指某年猪肉市场价格（D5）与多年平均值（D6）之差。计算公式为[②]：

$$C5=|D5-D6|$$

猪肉市场价格波动风险均值（C6）是指用数据拟合的猪肉价格波动率为 x_{mi} 的概率 p_{mi} 与猪肉价格波动率 x_{mi} 的期望值。C 为区间长度，$f(x_{mi})$ 是用数据拟合猪肉市场价格波动率的概率分布得到的概率分布函数。计算公式为[③]：

$$C6=\sum_{i=1}^{n} p_{mi} \cdot x_{mi}$$
$$p_{mi}=C \cdot f(x_{mi})$$

生猪市场价格波动风险均值（C7）是指用数据拟合的生猪价格波动率为 x_{pi} 的概率 p_{pi} 与生猪价格波动率 x_{pi} 的期望值。C 为区间长度，$f(x_{pi})$ 是用数据拟合生猪市场价格波动率的概率分布得到的概率分布函数。计算公式为[④]：

$$C7=\sum_{i=1}^{n} p_{pi} \cdot x_{pi}$$
$$p_{pi}=C \cdot f(x_{pi})$$

仔猪市场价格波动风险均值（C8）是指用数据拟合的仔猪价格波动率为 x_{zi} 的概率 p_{zi} 与仔猪价格波动率 x_{zi} 的期望值。C 为区间长度，$f(x_{zi})$ 是用数据拟合仔猪市场价格波动率的概率分布得到的概率分布函数。计算公式为[⑤]：

$$C8=\sum_{i=1}^{n} p_{zi} \cdot x_{zi}$$

[①] 资料来源：根据历年《中国畜牧业年鉴》数据整理。
[②③] 资料来源：根据农业农村部畜牧兽医局全国 480 个集贸市场畜禽产品和饲料价格定点监测周度数据平均计算得出。
[④] 资料来源：根据历年《中国农产品价格调查年鉴》和根据国家发展与改革委员会官网数据整理计算得出。
[⑤] 资料来源：根据《中国农产品价格调查年鉴》整理计算得出。

$$p_{zi} = C \cdot f(x_{zi})$$

猪粮比价（C9）是指生猪出场价格与玉米批发价格的比值[①]。

根据猪粮比价判断生猪养殖盈亏的平衡标准并不是一成不变的。

近年来，我国生猪生产和市场形势发生变化，生猪养殖规模化、标准化程度不断提高，加之饲料粮价格持续变化，猪粮比价关系及其盈亏平衡点也发生了新变化。本报告根据 2012 年、2015 年的《缓解生猪市场价格周期性波动调控预案》及 2021 年的《完善政府猪肉储备调节机制　做好猪肉市场保供稳价工作预案》中猪粮比价的绿色运行区域，同时结合各年度猪粮比价的实际运行情况，选择 6∶1～8.5∶1 运行区域作为基准，利用分段函数对本年度的猪粮比价（D9）进行分段再定义。公式如下：

$$C9 = \begin{cases} 1 - (6 - D9)/6, & D9 < 6 \\ 1, & 6 \leqslant D9 \leqslant 7 \\ 1.5, & 7 < D9 \leqslant 8 \\ 2, & 8 < D9 < 8.5 \\ 1 - \dfrac{D9 - 8.5}{8.5}, & D9 \geqslant 8.5 \end{cases}$$

3. 生猪科技支撑能力指标

每头能繁母猪每年平均断奶仔猪数（C10）简称 PSY，是指一年度内单头母猪平均生产并存活至断奶后的仔猪数量。PSY 是一个综合指标，直接反映了生猪养殖场母猪的繁殖能力，特别是妊娠母猪、哺乳母猪的管理水平；同时该数据直接影响仔猪的成本，是影响生猪养殖成本的另一大关键因素。随着环保压力、成本压力的增加以及价格周期的影响，通过提高母猪 PSY 来提高生猪养殖水平成为衡量生猪科技支撑能力的关键指标。该指标为观测性变量[②]。

生猪全要素生产率（C11）是指生猪产业在某年内产出与土地、劳动力、资本等要素投入成本的比值，利用 DEA-Malmqiust-hs 模型进行测量。计算方法如下[③]：

生猪产业在 t 时期相对于 s 时期（$s=2012$）的 TFP 指数测量公式：

$$TFP_{s,t} = \frac{TFP_t}{TFP_s} = \frac{Q_t/X_t}{Q_s/X_s} = \frac{Q_{s,t}}{X_{s,t}}$$

---

① 资料来源：根据国家发展与改革委员会网址数据整理而来。
② 资料来源：根据布瑞克咨询数据整理而来。
③ 资料来源：历年《全国农产品成本收益资料汇编》。2022 年生猪全要素生产率数据是运用指数平滑法计算的预估数据。

式中，Q_t代表生猪产业在 t 时期的平均产出，Q_s代表生猪产业在 S 时期的平均产出。X_t代表生猪产业在 t 时期的平均投入，X_s代表生猪产业在 S 时期的平均投入。$Q_{s,t}=Q_t/Q_s$，代表产出量指数，$X_{s,t}=X_t/X_s$代表投入量指数。

$D_O(\cdot)$ 和 $D_I(\cdot)$ 分别代表 Shepard 产出距离函数及投入距离函数（产出距离函数表示产出向量能够向生产前沿面的扩张程度，投入距离函数表示投入向量能够向生产前沿面缩减的程度），则 Malmquist-hs 指数法计算 TFP 指数的公式可以表示为：

$$C11=TFP_{s,t}=\frac{D_O(x_s,Q_t,S)}{D_O(x_s,Q_s,S)}\frac{D_I(x_s,Q_s,S)}{D_I(x_t,Q_s,S)}$$

4. 生猪资源环境条件指标

单位猪肉生产耗粮量（C12）是指某年平均每生产 1 千克猪肉所需要的平均饲料粮数量。计算公式如下[①]：

$$C12=\sum_{i=1}^{4}\varepsilon_i\frac{\mu_i}{\sigma_i}$$

式中，μ_1、μ_2、μ_3 和 μ_4 分别代表散养、小规模、中规模和大规模生猪养殖在特定年度消耗粮食的总量；σ_1、σ_2、σ_3 和 σ_4 分别代表散养、小规模、中规模和大规模生猪养殖在特定年度产出猪肉的总量；ε_1、ε_2、ε_3 和 ε_4 分别代表散养、小规模、中规模和大规模生猪养殖在特定年度在生猪养殖中所占比例。

疫病防治费用（C13）是指特定年度养殖户每头生猪医疗防疫的平均投入费用，该指标为观测性变量[②]。

畜牧业固定资产投资增长率（C14）是指以货币表现的畜牧业固定资产建设完成的工作量，是反映固定资产投资规模的综合性指标，该指标为观测性变量[③]。

5. 生猪产品购买力水平指标

居民人均可支配收入（C15）是指某年我国城乡居民每人可以自由支配消费的平均货币额度，用来衡量居民生活水平的变化情况，该指数为观测性变量[④]。

---

① 资料来源：历年《全国农产品成本收益资料汇编》。2022 年单位猪肉生产耗粮量数据是运用指数平滑法计算的预估数据。

② 数据来源：根据《全国农产品成本收益资料汇编》中的相关数据整理，由规模猪场和散养农户医疗防疫支出按比例平均测算而来。

③④ 数据来源：根据国家统计局网站数据整理。

（二）生猪产业安全评估理论模型

1. 数据无量纲归一化

首先对生猪产业安全评估指标体系中的 15 个三级指标原始值分别进行无量纲归一化处理。无量纲化是为了消除多指标综合评价中计量单位上的差异和指标数值的数量级、相对数的形式差别，解决指标的可综合性比较问题。在本报告中，采用极值法进行无量纲归一化处理。

正向指标归一化：$X_{new1} = \dfrac{X - X_{\min}}{X_{\max} - X_{\min}}$

负向指标归一化：$X_{new2} = \dfrac{X_{\max} - X}{X_{\max} - X_{\min}}$

2. 评估模型

生猪产业安全总指数（Y）的计算：

$$Y = \sum_{l=1}^{15} W_l C_l$$

式中，W_l 为权重，C_l 为三级指标，$l = 1 \sim 15$。

二级指标 Bi 的计算：

当 $i = 1$ 时，$B1 = \sum\limits_{l=1}^{4} \beta_l C_l$，其中 $\beta_1 = \beta_2 = \beta_3 = \beta_4 = \dfrac{1}{4}$

当 $i = 2$ 时，$B2 = \sum\limits_{l=5}^{9} \beta_l C_l$，其中 $\beta_5 = \beta_7 = \beta_8 = \dfrac{1}{6}$，$\beta_6 = \beta_9 = \dfrac{1}{4}$

当 $i = 3$ 时，$B3 = \sum\limits_{l=10}^{11} \beta_l C_l$，其中 $\beta_{10} = \beta_{11} = \dfrac{1}{2}$

当 $i = 4$ 时，$B4 = \sum\limits_{l=12}^{14} \beta_l C_l$，其中 $\beta_{12} = \beta_{13} = \dfrac{3}{10}$，$\beta_{14} = \dfrac{2}{5}$

当 $i = 5$ 时，$B5 = \sum\limits_{l=15}^{15} \beta_l C_l$，其中 $\beta_{15} = 1$

式中，β_l 为权重；C_l 为三级指标；B1、B2、B3、B4、B5 分别代表生猪产业的供给保障水平指数、市场运行形势指数、科技支撑能力指数、资源环境条件指数和购买力水平指数的得分。

3. 指数区间定义

生猪产业安全指数（Y）是我国生猪产业安全状况的指标，用于综合衡量我国生猪产业安全状况。供给保障水平指数（B1）是用来衡量我国猪肉供给"够不够"的指标，由猪肉自给率、猪肉人均占有量、生猪存栏量和能繁母猪年末存栏量构成。市场运行形势指数（B2）是用来衡量我国生猪市场运行"稳不稳"的指标，由猪肉市场价格距平、猪肉市场价格波动风险均值、生猪市场价格波动风险均值、仔猪市场价格波动风险均值和猪粮比价构成。科技支撑能力指数（B3）是用来衡量科技创新支撑我国生猪产业安全"能力大小"的指数，由每头能繁母猪每年平均断奶仔猪数（PSY）和生猪全要素生产率构成。资源环境条件指数（B4）是用来衡量我国资源环境"能否承载"生猪产业安全的指标，由单位猪肉生产耗粮量、疫病防治费用和畜牧业固定资产投资增长率构成。购买力水平指数（B5）是用来衡量城乡居民"能否买得起"的指标。

以上指数越高表示安全程度越高。指数值80～90判定为基本安全区间，高于90视为安全，低于80则为不安全（附表1‑2）。

附表1‑2　生猪产业安全指数区间定义

指　　数	区　　间		
	安全	基本安全	不安全
产业安全总指数	大于90	80～90	小于80
供给保障水平指数	大于90	80～90	小于80
市场运行形势指数	大于90	80～90	小于80
科技支撑能力指数	大于90	80～90	小于80
资源环境条件指数	大于90	80～90	小于80
购买力水平指数	大于90	80～90	小于80

4. 指数波动风险度量及预测方法

（1）指数波动风险概率分布模型

首先，基于各指数年度间波动率时间序列，拟合波动率时间序列概率密度函数；其次，将各指数波动率划分为8个区间，根据概率密度函数，运用python软件计算各波动区间的累积概率，得到各指数波动区间的概率值。

（2）生猪产业安全指数预测模型

假设2023年生猪产业安全各指数围绕上年指数平均值上下波动，则2023年指数值可以分解为历史平均值和波动值两部分，具体模型如下：

$$B_{it+1} = \overline{B}_{it} + \varepsilon_{it}$$

其中，B_{it+1}为 2023 年指数预测值，$\overline{B}_{it}$ 为 2012—2022 年指数均值，ε_{it} 为波动值，同时满足 $E(B_{is}\varepsilon_{it})=0$，$\forall s<t$，$E(\varepsilon_{it})=0$，$Var(\varepsilon_{it})=\sigma^2$，$E(\varepsilon_{it}\varepsilon_{is})=0$，s$\neq$t 的假设条件。

在本报告中通过蒙特卡罗仿真模拟技术来确定波动值ε_{it}。首先，基于 2012—2022 年各指数的时间序列，根据$V_i=(B_{it}-\overline{B}_{it})/\overline{B}_{it}$公式构造出各指数波动率的时间序列，采用参数方法对该时间序列进行拟合，选择正态分布作为备择分布，通过拟合得出各指数波动率服从正态分布的均值与标准差，确定V_i函数；其次，根据$B_{it+1}=\overline{B}_{it}(1+V_i)$公式，得出 2023 年指数在不同百分位情况下的预测值。

附录二 2012—2022 年我国生猪产业安全指数

年份	供给保障水平指数	市场运行形势指数	科技支撑能力指数	资源环境条件指数	购买力水平指数	生猪产业安全指数
2012	91.12	91.80	72.83	83.18	70.00	86.59
2013	89.73	92.99	73.26	76.40	72.48	86.00
2014	91.46	90.05	77.01	80.14	75.03	86.82
2015	89.74	89.07	77.04	78.02	77.50	85.87
2016	89.06	91.58	80.38	76.08	80.05	86.75
2017	91.65	94.60	80.65	75.06	83.01	88.91
2018	92.12	90.80	95.27	75.54	86.10	89.78
2019	74.15	75.98	83.05	82.91	89.55	78.00
2020	80.96	84.80	84.91	89.39	91.55	84.41
2021	94.40	84.08	83.08	81.93	95.59	89.04
2022	93.48	88.99	87.58	79.09	98.00	90.56